26835NN

891.6235

KV-372-314

Ag Dul i dTír

COPYRIGHT

- 6 MAY 2021

UCC LIBRARY

UNIVERSITY COLLEGE

Library

CORK

37336812

© Foras na Gaeilge, 2020

Dearadh agus leagan amach: Artwerk Limited

Máire Ní Chualáin a rinne an leagan Gaeilge

Turners Printing Co. Teo. a chlóbhuail in Éirinn

ISBN 978-1-85791-959-2

Gach ceart ar cosaint. Ní ceadmhach aon chuid den fhoilseachán seo a atáirgeadh, a chur i gcomhad athfhála, ná a tharchur ar aon mhodh ná slí, bíodh sin leictreonach, meicniúil, bunaithe ar fhótachóipeáil, ar thaifeadadh nó eile, gan cead a fháil roimh ré ón bhfoilsitheoir.

Foilseacháin an Ghúim a cheannach

Siopaí
An Siopa Leabhar (01) 478 3814
An Siopa Gaeilge (074) 973 0500
An Ceathrú Póilí (028) 90 322 811

Ar líne
www.litriocht.com
www.siopagaeilge.ie
www.siopaleabhar.com
www.siopa.ie
www.cic.ie
www.iesltd.ie

An Gúm, Foras na Gaeilge, 63-66 Sráid Amiens, Baile Átha Cliath 1

Do mo chlann

Séadna, Sinéad, Tadhg, Cormac agus Labhaoise

agus do mo gharchlann

Seán, Cameron, Moïra, Conor agus Tadhg

Ag Dul i dTír

Miriam Molony

Steve Doogan
a mhaisigh

An Gúm
Baile Átha Cliath

Bhí seanhata batráilte m'athar ar leataobh a chinn, agus a chóta salach ag séideadh sa ghaoth. Bhreathnaigh sé mórthimpeall agus a shúile ar leathadh.

'A Thomáis,' ar seisean, 'táimid ann!' Bhreathnaigh sé síos orm agus é ag gáire.

D'iompaigh sé chuig mo mháthair ansin a bhí tar éis teacht aníos ón

stíris, an leanbh ina baclainn. Bhí
Bríd, mo dheirfiúr bheag, cuachta sa
seál aici. Rug m'athair barróg uirthi,
agus tugadh mise isteach sa bharróg
ansin freisin. Ní dúradh aon ní, ach
nuair a scaramar ó chéile arís bhí
deora i súile mo thuismitheoirí.

Tháinig seanbhean a raibh seál
uirthi aníos agus sheas go ciúin in aice
linn. Bhí a héadan craptha agus dath
bánbhuí air. Bhí a craiceann ar nós
páipéir, agus a súile báite ina ceann.
Chuimil sí a teanga ar a beola tirime
agus bhreathnaigh sí ar an talamh
amach roimpi. Thug sí suntas do gach
ní, ar nós mar a bheadh sé deacair aici
é a chreidiúint. 'Meiriceá,' a dúirt sí
go bog. Shuigh sí síos go mall ansin
laistiar dínn agus dhún a súile.

Stop m'athair ag breathnú
uaidh agus d'fhéach sé síos ar an
tseanbhean. Chrom sé agus bhrúigh
sé go réidh le taobh an bháid í.
Nuair a d'ardaigh sé a shúile arís,
bhí an brón le feiceáil iontu.

'Fuair sí bás sona, is dócha,' ar seisean, 'agus a fhios aici nach san fharraige a adhlacfar í.'

Shiúil mairnéalach síos an deic ag béicíl:

'Caitear na pluideanna agus an easair ar fad thar bord.'

Bhí na paisinéirí ag gearán agus ag tabhairt amach, ach níor thug sé aird ar bith orthu. Bhéic sé arís:

'Faighigí réidh leo nó beidh sibh ar coraintín ar feadh i bhfad. Beidh oifigeach leighis ag teacht ar bord agus má aimsíonn sé éadaí leapa nó aon rud a iompraíonn galar, beidh gach duine ar bord ar coraintín. Má tá sibh ag iarraidh imeacht as an long seo, caithigí na héadaí leapa ar fad thar bord.'

Bhí an talamh tirim le feiceáil, ach
bhí píosa le dul fós sula mbeadh muid
ag imeacht as an long.

Ní róshásta a bhí daoine, agus iad
ag déanamh a mbealach síos faoin deic
go dtí an stíris. Thug siad aníos na

tochtanna agus aon éadaí leapa a bhí acu, agus chaith siad thar bord iad.

Caitheadh málaí bréana agus buidéil fuail thar bord, agus go leor rudaí salacha eile a bhí fágtha thíos staighre. Bhí mé ag breathnú ar na nithe sin, cuid acu ag dul go tóin poill láithreach, cuid eile ar snámh ar bharr an uisce ar dtús agus ag dul faoi go mall.

Thug cuid den chriú buicéid uisce sáile isteach chun an stíris a ní.

Tharraing bád beag suas taobh linn agus tháinig fear a raibh éadaí oifigiúla air ar bord, chun muid a threorú isteach sa chalafort. Sheol muid linn ar an bhfarraige chiúin agus muid ag teacht níos gaire agus níos gaire don talamh tirim. Bhí ciúnas ar bord agus muid ag tabhairt gach rud faoi deara mórthimpeall orainn.

Chuaigh an long ar ancaire in Oileán Staten agus tháinig an t-oifigeach leighis ar bord. Chuir sé naipcín ar a bhéal agus é ag dul síos sa stíris. Ní raibh sé i bhfad thíos gur tháinig aníos arís agus bhéic sé ar an gcaptaen:

'Tá fiabhras anseo agus caithfear na daoine ar fad atá tinn a chur go dtí an tOspidéal Coirintín.'

Rinne sé comhartha le bád beag gaile a bhí píosa uainn ann agus d'fhan sé gur tháinig sí taobh leis an long. Ansin d'ordaigh sé do na mairnéalaigh na daoine tinne a thabhairt aníos as an stíris agus iad a chur ar bord an bháid.

Bhí muid ag breathnú ar fhir agus ar mhná á scaradh óna gcuid páistí agus á dtabhairt isteach sa lainse gaile. Mhínigh m'athair dom nach raibh an dara rogha acu ach baill teaghlaigh a scaradh óna chéile mar gheall ar an bhfiabhras. Cheap

mé nach dtiocfadh deireadh leis an screadach go brách, agus chuir mé mo lámha ar mo chluasa sa chaoi nach mbeadh orm éisteacht leis. D'fhiafraigh mé de mo mháthair céard a tharlódh do na páistí.
Ní dhearna sí ach a cloigeann a chroitheadh agus tosú ag gol.

Thug siad cúpla corpán leo, an tseanbhean a bhí ina luí in aice linne ina measc, lena n-adhlacadh in Oileán Staten.

Nuair a bhí na daoine tinne ar fad tógtha as an mbealach, thosaigh an long ag gluaiseacht arís. Lean sí uirthi go dtí gur tháinig sí fad leis na longa eile a bhí ar ancaire. Bhí

athrú tagtha ar na mairnéalaigh faoi
seo agus iad ag dul anonn agus anall
ar an long. Bhí siad ag pleidhcíocht
agus ag gáire le chéile. Ba léir go
raibh siad sásta go raibh an turas
fada thart agus ceann scríbe bainte
amach faoi dheireadh.

Bríd, bean an chaptaein ar chas mé
an fhidil di ar an aistear fada, tháinig sí
aníos chugainn.

'Go raibh maith agat as do chuid
ceoil, a Thomáis,' ar sise, 'agus as
sonas a thabhairt dom i gcaitheamh
an turais seo. Déan cinnte de go
seinnfidh tú do chuid ceoil do do
mhuintir i Nua-Eabhrac. Bíodh gean
do chroí agat ar an bhfidil sin agus
tabhair aire na huibhe di. Ná tabhair

ar iasacht d'aon duine í. Coinnigh ceol traidisiúnta na hÉireann beo, múin an ceol do do pháistí in am trátha agus múinfidh siadsan dá bpáistí féin é ina dhiaidh sin. Ná lig don cheol imeacht as. Tá sé fite fuaite ionatsa agus i ngach duine againn. Baineadh go leor dínn, ach ná lig d'éinne an bua speisialta sin a bhaint díot.' Bhí deora ina súile agus í do m'fháscadh lena croí.

Chuir caint Bhríd i gcuimhne dom an méid a dúirt mo sheanathair liom go gairid sula bhfuair sé bás. Chonacthas dom ar shlí gur tharla an méid sin i bhfad siar, ach tháinig na deora liom mar sin féin agus mé ag cuimhneamh air. Bhraith mé uaim

an baile agus na laethanta a bhí, na
laethanta roimh an ngorta, ach bhí
a fhios agam go raibh siad imithe go
deo.

Leag m'athair lámh ar mo
ghualainn.

'Tá a fhios agam mar a airíonn tú, a
mhac, agus níl sé éasca. Níl a fhios ag
éinne againn céard atá romhainn, agus
nach in atá ag déanamh buartha dúinn
ar fad? Tá muid le chéile, buíochas le
Dia, agus is mór an méid é sin. Bhí an
t-ádh dearg orainn freisin gur casadh
Bríd orainn, agus an cúnamh a thug
sí do do mháthair. Céard a dhéanfadh
muid murach í? Tá sí le lóistín a fháil
dúinn freisin. D'fhéadfadh cúrsaí a
bheith i bhfad níos measa, a mhac.

Tiocfaidh laethanta breátha fós, tiocfaidh, cinnte. Imeoidh na cuimhní seo ar fad amach anseo. Seo í Bríd chugainn arís, triomaigh do shúile agus ná feiceadh sí ag caoineadh thú.'

Chuimil mé muinchille mo chóta le mo shúile agus le mo shrón, a bhí ag sileadh. Thug mé claonfhéachaint ar Bhríd sa chaoi nach n-aithneodh sí go raibh mé tar éis a bheith ag caoineadh. Níor thug sí aon rud faoi deara áfach mar bhí sí róghafa ag caint le m'athair.

'Sin seoladh anois,' ar sise, 'agus tá súil agam go gcabhróidh sé libh. B'fhéidir nach bhfuil sé thar mholadh beirte, ach is tús é. Tá a fhios agam go mbíonn an lóistín

gann i Nua-Eabhrac. Go gcumhdaí
Dia sibh go léir. Seo mo sheoladh
féin freisin, agus is féidir libh scríobh
chugam agus insint dom faoin tslí a
bhfuil ag éirí libh.'

'Ní dhéanfaidh muid dearmad
go deo na ndeor ar an gcineáltas a
rinne tú orainn,' arsa m'athair. ' Nach
orainn a bhí an t-ádh casadh leat!'
Bhí glór m'athar ar crith agus é ag
caint.

Ghluais an long idir na longa eile
agus í ag teacht i dtír. Nuair a bhí
sí ceangailte den ché, léim grúpa
fear ar bord agus bhrostaigh siad ar
fud na loinge. Chuimil duine acu
mo chloigeann, fear a raibh gruaig
chatach dhubh agus féasóg air.

'Tá mé anseo le cabhrú leat féin agus le do theaghlach áit chónaithe chóir a fháil. Lig dom do bhagáiste a iompar duit agus beidh muid ag imeacht linn.'

Rug sé ar cheann de na málaí agus ar m'fhidil. Shiúil leis go tapa agus muide á leanúint.

'Cá bhfuil muid ag dul?' arsa m'athair.

'Chuig lóistín maith glan, geallaim duit. Bhí an t-ádh oraibh casadh liomsa anseo inniu. Tá sibh ar mhuin na muice anois, mar a deirtear. Féachfaidh mise chuige go dtabharfar aire daoibh,' ar seisean agus é ag imeacht leis tríd an slua.

'Maidhc is ainm dom. Is mór an onóir dom cabhrú libh, Éireannaigh uaisle mar sibh. Ar ndóigh, ní fada ó d'fhág mé féin an tseantír ach oiread.'

'Tabhair an fhidil ar ais do mo mhac, agus an mála. Níl muid ag iarraidh aon chabhair uait,' arsa m'athair.

'Ceart go leor mar sin, a dhuine uasail, ach tá dul amú ort.'

Thug sé an fhidil ar ais domsa agus an mála ar ais do m'athair, agus d'imigh sé leis isteach sa slua.

Choinnigh m'athair ag breathnú ina dhiaidh go raibh sé imithe as radharc.

'Cuireadh fainic orm faoi dhaoine mar sin. Ghoidfeadh a leithéid an tsúil as do chloigeann. Bheadh muid fágtha gan aon ní dá bharr. Beidh muid in ann ár mbealach féin a dhéanamh.'

Stop muid agus bhreathnaigh muid ar na foirgnimh mhóra ar gach aon taobh den tsráid. Bhí daoine ina suí amuigh ar na céimeanna ag caint

agus ag comhrá. Lean muid orainn ag
siúl. Bhí muca ag imeacht gan aird,
iad ag stopadh anseo agus ansiúd ag
smúrthacht sa bhruscar ag lorg rud
éigin le hithe.

Bhí achar fada siúlta againn faoi
seo agus muid ag stopadh anois
agus arís lenár scíth a ligean. Sa
deireadh d'éirigh linn teacht ar an
seoladh a bhí ar an bpíosa páipéir a
thug Bríd dúinn. Teach tábhairne a
bhí ann.

Dúirt m'athair linn fanacht
taobh amuigh fad a chinnteodh sé
go raibh muid san áit cheart. Bhí
sé imithe tamall maith agus ansin
tháinig sé amach le stumpa d'fhear
beag maol. Bhí naprún air agus a

mhuinchillí craptha suas go dtí a uillinneacha.

'Tá turas fada déanta agaibh,' ar seisean agus é ag breathnú ar mo mháthair, ar mo dheirfiúirín agus ormsa. Thit a shúil ar an bhfidil.

'Seinneann tú an fhidil?' a d'fhiafraigh sé.

'Seinneann go deimhin,' arsa m'athair, 'agus is breá an fidléir é.'

'Bhuel, is féidir leis airgead a shaothrú ag seinm sa tábhairnc. Tabharfaidh mé go dtí an seomra sibh ar dtús. Níl sé iontach, ach tabharfaidh sé deis daoibh socrú síos.'

Thug sé síos an tsráid muid agus suas céimeanna seanfhoirgnimh. Bhí bruscar gach áit, éadaí ar crochadh

as fuinneoga. Bhí boladh bréan san
áit, agus cheapfá go raibh an boladh
ár leanúint agus muid ag dul suas an
staighre corrach. Bhí daoine ag stánadh
amach an doras orainn. Cheapfá nach

dtiocfadh deireadh leis na céimeanna go brách, ach shroich muid barr an tí ar deireadh thiar agus d'oscail sé doras an áiléir. Seomra íseal dorcha a bhí ann ach bhí fuinneog bheag thuas sa díon.

'Beidh muid in ann tuí a fháil daoibh le codladh air anocht, agus taispeánfaidh mé do d'athair cá bhfaighidh sé sorn. Tá an leithreas ag bun an staighre. Beidh sibh go breá anseo nuair a shocraíonn sibh síos.'

Dúnadh an doras. Chuaigh m'athair agus an tiarna talún síos staighre. Fágadh ár gcuid bagáiste taobh leis an mballa. Bhreathnaigh mo mháthair orm. Bhí deora ina súile, ach níor labhair sí. Bhreathnaigh mé uaim, mar nach raibh mé in ann breathnú uirthi. Ba mhór idir an áit seo agus ár dteachín in Éirinn, agus páirceanna glasa thart air.

B'fhada gur tháinig m'athair ar ais. Nuair a tháinig sé isteach, bhí sé ag meangadh, ach bhí boladh beorach uaidh. Bhí sorn aige agus slám aráin. Thosaigh mo bholg ag geonaíl leis an ocras nuair a fuair mé boladh an aráin. Rinne sé trí phíosa den arán agus d'ith muid go ciúin é. Nuair a bhí sé ite, labhair m'athair.

'Tá a fhios agam nach bhfuil sé iontach, ach déanfaidh sé cúis go fóill. Is tús é.'

Níor labhair mo mháthair ar chor ar bith. Lig sé osna.

'Gheobhaidh mé rud éigin a
mbeidh muid in ann luí air anocht. 'A
Thomáis, tig leatsa teacht liom agus
cúnamh a thabhairt dom.'

D'imigh muid as an seomra

UNIVERSITY COLLEGE
Library
CORK

agus chuaigh muid síos an staighre. Fuair muid tuí i gcró ar chúl an fhoirgnimh. Rinne muid cúpla turas síos suas an staighre go dtí go raibh ár ndóthain tuí againn le hoíche sách maith codlata a fháil. Bhí mo mháthair agus mo dheirfiúirín ina gcodladh faoin am a raibh muid críochnaithe.

Luigh mé féin agus m'athair síos taobh leo. Chuimil sé mo chloigeann.

'Oíche mhaith, a mhac, rachaidh mé ag lorg oibre amárach.'

D'imigh m'athair leis maidin lá arna mhárach ag lorg oibre ar na dugaí. Bronnadh an cúram ormsa an pota fuail a fholmhú. B'in an pota a thug muid linn as Éirinn. Bhí áit faoi leith dó i gcúinne den seomra. Nuair a bhíodh sé an-lán, thugadh m'athair síos an staighre é agus d'fholmhaíodh sé sa leithreas é ag bun an staighre. Seachas sin, ba é mo chúramsa é a fholmhú agus a rinseáil.

Bhí cúram eile orm freisin, buicéad uisce a líonadh agus a thabhairt suas an staighre. Thóg sé tamall orm dul i dtaithí air agus gan an t-uisce a dhoirteadh, ach 'cleachtadh a dhéanann máistreacht,' a dcirtear agus i gceann tamaill bhí mé oilte ar an gceird agus ní bhíodh braon á dhoirteadh agam. Bhínn ag rith i ndiaidh na bhfrancach freisin. Ní bhíodh a fhios againn cé as a dtagadh siad, ach bhí siad thar cionn ag éalú

uaim agus gan mé in ann breith
orthu. Bhlocáil muid na poill ar fad sa
seomra sa chaoi nach mbeadh siad in
ann teacht isteach, ach bhíodh siad le
cloisteáil faoi chláir an urláir istoíche,
iad ag rith ar fud na háite, cheapfá.

Ar thaobh na láimhe deise den seomra s'againne bhí doras, ach bhí sé faoi ghlas. Bhí mé an-fhiosrach faoina raibh istigh sa seomra sin. Rinne mé iarracht hanla an dorais a chasadh go minic, ach ní dhearna mé aon mhaith. D'iarr mé ar m'athair cabhrú liom é a oscailt. Fuair sé píosa beag adhmaid, chuir sé i bpoll na heochrach é agus chas sé é. Rinne sé é sin arís is arís eile go dtí gur oscail an doras sa deireadh.

Bhí ionadh an domhain ar an mbeirt againn nuair a chonaic muid gur pasáiste beag a bhí ann, amach go dtí díon an tí. Ní raibh ann ach coirnéal beag den phríomhdhíon, ach bhí radharc uaidh ar an dúiche

mórthimpeall. Bhí an gleo ar fad
ón áit thíos le cloisteáil ach é mar a
bheadh sé i bhfad uainn.

'A Thomáis, glaoigh ar do mháthair
agus inis di céard atá faighte againn,'
arsa m'athair.

Rinne sí meangadh den chéad
uair le roinnt seachtainí. 'Beidh mé
in ann na héadaí a thriomú anseo,'
ar sise agus dóchas ina glór. Bhí mé
an-sásta liom féin gur tháinig mé ar
an áit sin.

Thug mé aire do mo dheirfiúr ar
feadh cúpla lá, fad a bhí mo mháthair
ag lorg oibre. D'éirigh léi post a fháil
sa deireadh, ag cócaireacht agus ag
glanadh do theaghlach Iodálach. Bhí
sí sásta.

Fuair m'athair obair ag baint lastas de na longa. Socraíodh go dtabharfainnse aire do mo dheirfiúr go dtí go mbeadh mo mháthair imithe i gcleachtadh ar a post. Bhí mé an-sásta leis an socrú sin.

Ar dtús, d'fhanainn sa seomra le Bríd, ach de réir a chéile tháinig fonn eachtraíochta orm agus thugainn amach ar an díon í anois agus arís agus shuíodh muid ansin agus mé ag spraoi léi. Ansin thosaigh mé á hiompar síos an staighre agus ag siúl mórthimpeall na háite léi.

Cé go raibh sí beag bídeach, bhí sé deacair agam í a iompar i bhfad. 'Is trom cearc i bhfad,' a deirtear!

Bhí mé ag dul thar fhoirgneamh lá nuair a chonaic mé cairrín a raibh ceann de na rothaí tite de. Rug mé air agus chuir mé mo dheirfiúr ina luí ann agus bhrúigh mé liom abhaile é agus mé ag iarraidh é a choinneáil ar a chothrom. Thaispeáin mé do m'athair é an tráthnóna sin, agus gheall sé go gcuirfeadh sé deis air. Nigh mo mháthair é ó bhun go barr agus dheisigh m'athair an roth.

Chuir mé aithne ar Gunther sa bhácús Gearmánach. Nuair a bhíodh muid ag dul thar an siopa, scairteadh Gunther amach orm:

'An raibh lá maith agat, a Thomáis? Cén chaoi a bhfuil Bríd? Tá súil

agam go raibh sí ina cailín maith duit
inniu!'

Dhéanadh Bríd gáire mór leis agus
chuimlíodh Gunther a cloigeann.

'A Thomáis, tabhair é seo abhaile
chuig do mháthair.'

Ar an mbealach abhaile, ba nós liom
cuid dá raibh sa mhála a ithe agus blúirí

den chuid bhog bhán a thabhairt do mo dheirfiúr.

Tar éis dom a bheith ag siúl shráideanna Nua-Eabhrac ar feadh an lae ag brú cairrín mo dheirféar romham, thitinn i mo chodladh go sámh ina dhiaidh agus mé maraithe tuirseach.

Uaireanta deireadh m'athair liom teacht anuas go dtí an teach ósta mar a mbíodh sé féin, agus deireadh sé i gcónaí: 'Tabhair leat an fhidil.'

Beár beag a bhí ann, agus deatach agus boladh beorach gach áit. Chuireadh an t-úinéir i mo shuí ar stól beag sa chúinne mé. Stopadh an chaint agus chiúnaíodh an áit agus iad ag éisteacht leis an gceol. Nuair

a stopainn ag seinm thugadh siad
bualadh bos dom agus d'éiríodh an áit
gnóthach, glórach arís. Thugadh an
t-úinéir cúpla pingin do m'athair agus
deireadh m'athair:

'Suas leat a chodladh, a mhac, agus
beidh mise suas gan mhoill.'

Bhínn tamall maith ar an leaba sula
dtagadh seisean aníos chugainn.

Nuair a tháinig mé féin agus
Bríd abhaile lá bhí mo mháthair
ina luí ar an leaba romhainn agus í
ag caoineadh uisce a cinn. Bhí ar a
máistreás dul amach i mbun gnó an
lá sin agus d'iarr sí ar mo mháthair
rud éigin a cheannach don dinnéar.
Ba í a máthair féin a bhí i bhfeighil

an tí. Nuair a chuaigh mo mháthair
go dtí an margadh, chonaic sí
cloigeann muice. Dúirt sí léi féin go
réiteodh sí béile Éireannach dóibh,
rud nach mbeadh coinne acu leis.
Cheannaigh sí prátaí agus cabáiste
agus an cloigeann muice, agus ar ais
léi chuig an teach agus í fíorshásta léi
féin.

Chuir sí an cloigeann i bpota mór
leis an gcabáiste agus thosaigh sí á
gcócaráil, agus na prátaí i bpota eile.
Bhí sí ag canadh di féin nuair a tháinig
an tseanbhean ar ais. Go tobann chuala
mo mháthair í ag scréachaíl.

'Cén boladh bréan é sin?'

Agus nuair a tháinig sí isteach sa
chistin chonaic sí an cloigeann muice

sa phota, agus lig sí scread eile:

'Imigh go beo. Céard a cheapann
tú atá ar bun agat? Bhí m'iníon
ag brath ortsa béile a réiteach don
teaghlach, agus féach céard atá déanta
agat. An gceapann tú go bhfuil aon

duine chun é sin a ithe? Chuir mé fainic uirthi faoi na hÉireannaigh. Bailigh do chuid giuirléidí agus amach leat!'

Theith mo mháthair. Bhí a post caillte aici.

Nuair a tháinig m'athair abhaile, d'inis mo mháthair dó céard a tharla. Ba léir gur ghoill sé air.

'Beidh muid ceart,' ar seisean agus é ag iarraidh a bheith dóchasach.

Chuaigh mo mháthair ag lorg oibre an lá dár gcionn, agus lean mise de bheith ag tabhairt aire do Bhríd.

Nuair a tháinig mé abhaile lá, tar éis dom féin agus Bríd a bheith amuigh, bhí bean dhea-ghléasta ina seasamh taobh amuigh dár seomra.

Mo mháthair a bhí uaithi. Dúirt mé léi
teacht isteach. Bhreathnaigh sí thart ar
an seomra.

'An anseo atá cónaí oraibh go léir?'
ar sise.

'Is ea, is anseo atá muid inár gcónaí
ó tháinig muid go Nua-Eabhrac,' arsa

mise.

Thóg sí mo dheirfiúr as mo bhaclainn agus bhreathnaigh sí uirthi.

'Tá sí an-chosúil le do mháthair.'

Ní raibh tuairim agam cérbh í féin, agus níor inis sí dom ach an oiread. Mhínigh mé go mbeadh mo mháthair sa bhaile go luath, agus dúirt mé léi suí síos ar bhosca, ach níor shuigh.

Tamall maith ina dhiaidh sin chuala muid díoscán ar an staighre agus mo mháthair ag teacht aníos. Nuair a d'oscail sí an doras, stop sí nuair a chonaic sí an bhean agus bhí ciúnas ann ar feadh nóiméid.

Labhair an bhean:

'Maith dom teacht anseo gan

fógra a thabhairt duit. Bhí mé ag iarraidh teacht agus thú a fheiceáil, agus mo leithscéal a ghabháil leat. Spréach mo mháthair an lá cheana. Tuigimse nach dochar a bhí ar intinn agat, agus gur chóir dom a rá leat roimh ré céard a bhí uaim a ullmhú don dinnéar. Airíonn muid uainn thú agus tá muid ag iarraidh ort teacht ar ais ag obair dúinn.' Bhreathnaigh sí timpeall an tseomra.

'Níor thuig mé riamh go raibh sibh in bhur gcónaí in áit chomh suarach. Beidh m'fhear céile in ann cabhrú libh áit níos fearr a fháil. Dúirt do mhac liom nach bhfuil sé ag dul ar scoil mar go mbíonn sé ag tabhairt aire dá dheirfiúr. Caithfidh

muid é a chur ar scoil, agus is féidir
leat Bríd a thabhairt leat chuig an
obair.'

Bhí ciúnas ann.

'Céard a cheapann tú de mo

thairiscint?'

B'fhada gur fhreagair mo mháthair, dar liom.

'Tá mé lánsásta dul ar ais ag obair daoibh, agus geallaim daoibh nach réiteoidh mé aon bhéile Éireannach feasta!'

Rinne an bheirt acu gáire. Bhí deireadh leis an teannas, agus thug an bhean Bríd ar ais do mo mháthair.

'An dtiocfaidh tú isteach amárach, agus tosóidh muid arís?'

'Ó tiocfaidh, a bhean uasal. Beidh mé ansin amárach, agus geallaim duit nach mbeidh aon ghearán eile agat fúm arís.'

Nuair a d'imigh sí, shuigh mo mháthair ar an mbosca agus thosaigh sí ag caoineadh.

'Céard atá ort, a mhama?' a d'fhiafraigh mé.

'Tá mé chomh sásta, a Thomáis. Tá mo jab ar ais agam, agus gheobhaidh sí áit chónaithe níos fearr dúinn.'

Bhí an saol tar éis athrú arís, agus ré nua i Nua-Eabhrac ar tí tosú dúinn.

C. JONES.

ERRATUM

WESTMEAD ANAESTHETIC MANUAL

Page 120, line 23
Regarding cerebral aneurysm clipping, a bolus of remifentanil 40 μg/kg is suggested to blunt the hypertensive response to intubation. This dose is incorrect and dangerous.

Page 122, line 23
Regarding triple H therapy for cerebral vasospasm, line should read hypertension to systolic BP of 120-150 mmHg, not MAP.

Page 278, line 25
Regarding the management of raised intracranial pressure the dose of dexamethasone is 16 mg not 16 g.